외롭기 짝이 없는 이 세상에서 오직 형님만이 나를 알아주셨는데

이제 그분마저 잃었구나.

앞으로는 공부를 하여 얻는 것이 있어도 누구에게 입을 열어 말하겠느냐.

사람에게 자신을 알아주는 이가 없다면 이미 죽은 것과 마찬가지다.

처가 나를 알아주지 않고, 자식이 알아주지 않고,

형제나 집안사람들이 알아주지 않는데

나를 알아주는 분은 세상을 떠났으니 어찌 슬프지 않을까?

- 정약용이 두 아들에게 보낸 편지

 저자 소개

글쓴이 홍기운

초등학교 때 글짓기, 독서감상문 쓰기, 일기 쓰기 숙제를 가장 열심히 했어요. 방학 때는 선생님과 친구들에게 편지 쓰는 재미에 쏙 빠져 지냈고요. 어린이 잡지에 보낸 동시가 뽑혀 하모니카를 상품으로 받았을 때 작가가 되어야겠다고 생각했지요. 버려진 냉장고를 소재로 쓴 동화가 〈전남일보〉 신춘문예에 당선되면서 동화작가가 되었고, 푸른문학상 '새로운 작가상'과 'MBC창작동화대상'을 받았어요. 지은 책으로 『달려라! 아빠 똥배』가 있어요. 지금은 재미난 어린이책을 쓰기 위해 똥배 쑥 내밀고 열심히 달리고 있답니다.

그린이 정주현

대학교에서 시각디자인을 공부하고, 어린이 교육 프로그램을 개발하는 회사에서 일했어요. 산과 들에서 보낸 어린 시절의 감성으로 따뜻한 그림을 그리고 있으며, 그린 책으로는 『거품괴물은 무서워』, 『깨비의 요술 배꼽』, 『설날까지 일곱 밤』, 『양심』, 『동방삭 이야기』 등이 있어요.

| 창의력을 길러주는 머스트비 역사 인물 그림책 |

- 조신선은 쌩쌩 달려가 최영희 글 | 유영주 그림
- 초희가 썼어 최영희 글 | 곽은숙 그림
- 음치 평숙이, 소리꾼 되다 강경아 글 | 유영주 그림
- 박제가는 똥도 궁리해 신현경 글 | 박연경 그림
- 쩌렁쩌렁 박자청, 경회루를 세우다 허윤 글 | 김주경 그림
- 변상벽, 말은 더듬지만 그림은 완벽해 최형미 글 | 이창민 그림
- 장영실, 하늘이 낸 수수께끼를 푼 소년 박혜숙 글 | 이지연 그림
- 정약전과 정약용 홍기운 글 | 정주현 그림
- 총명한 이씨 부인은 적고 또 적어 양연주 글 | 정주현 그림
- 떴다 떴다 비거, 날아라 성냥~ 안영은 글 | 안선형 그림
- 전국 방방곡곡 어사 박문수가 간다 박민호 글 | 이지연 그림

편지로 우애를 나눈 형제 정약전과 정약용

초판 1쇄 발행 2014년 10월 30일 | 4쇄 발행 2024년 5월 20일

글 홍기운 | 그림 정주현 | 펴냄 박진영 | 편집 김윤정 | 디자인 su: | 마케팅 정소정 | 제작 이진영
펴낸곳 머스트비 | 등록 2012년 9월 6일 제396-2012-000154호 | 주소 경기도 파주시 심학산로 12 302호, 대한민국
전화 031-902-0091 | 팩스 031-902-0920 | 이메일 mustb0091@naver.com | 블로그 http://blog.naver.com/mustb0091

잘못된 책은 구입하신 곳에서 바꿔드립니다.
책값은 뒤표지에 있습니다.

ISBN 978-89-98433-29-1 73810

ⓒ 2014 글 홍기운, 그림 정주현

이 도서의 국립중앙도서관 출판시도서목록(CIP)은 서지정보유통지원시스템 홈페이지(http://seoji.nl.go.kr)와 국가자료공동목록시스템(http://www.nl.go.kr/kolisnet)에서 이용하실 수 있습니다.(CIP제어번호: 2014027809)

7세 이상 어린이를 위한 책입니다.

편지로 우애를 나눈 형제
정약전과 정약용

홍기운 글 | 정주현 그림

머스트비

주막집 형제는 오늘도 티격태격이야.
"이건 내 거야. 어머니가 나한테 주신 거라고!"
"형아 것은 다 먹고 왜 내 것을 달래?"
둘이서 엿가락 하나를 붙든 채 놓을 줄을 몰라.
방 안에 있던 선비가 그 소리를 듣고 형제를 불렀지.
"요 녀석들, 이리 들어와 보아라."
형제는 뭐 맛난 것이라도 주려나 싶어
냉큼 방으로 들어갔어.

선비가 이름을 묻자, 형은 강쇠, 아우는 막쇠라고 대답했어.
"강쇠야, 막쇠야. 너희들, '의좋은 형제' 이야기를 아느냐?"
"에이, 선비님도 참. 그 얘기 모르는 사람이 어디 있대요?"
"맞아요. 밤새 볏단을 지고 왔다 갔다 한 형제 이야기잖아요."
"옳거니. 그럼 '정 씨 형제' 이야기는 들어 보았느냐?"
형제는 고개를 갸웃하며 선비를 빤히 쳐다보았어.
선비는 형제의 초롱초롱한 눈망울을 바라보며
이야기를 시작했지.

"옛날 경기도 마재 땅에 정 아무개라는 선비가 살았느니라.
그 집에 아들이 다섯 있었는데 둘째와 넷째의 정이 도타웠지.
형은 성품이 길들여지지 않은 사나운 말 같고, 아우는 매우 영특했다는구나.
일곱 살에 이미 시를 지었다니 놀랍지 않느냐?"
이때까지도 형제는 어머니한테 빼앗긴 엿가락 생각뿐이었어.
선비는 눈을 지그시 감은 채 시를 읊었지.

* 정약용이 7세 때 지은 한시 '小山蔽大山 遠近地不同'의 내용.

"작은 산이 큰 산을 가리니 가깝고 먼 곳이 같지 않네."*

형제는 무슨 뜻인지 몰라 눈만 말똥말똥했어.

선비는 형제의 얼굴을 번갈아 바라보며 이야기를 계속했어.

"그 형은 천문학*, 수학, 기하학*과 같은 학문에 관심이 많았단다. 한 번은 나뭇조각을 이어 둥근 박 같은 걸 만들기도 했다지 뭐냐."

"나뭇조각으로 둥근 박을요? 그게 무엇인데요?"

꾸벅꾸벅 졸던 막쇠가 갑자기 송아지 눈을 하고 물었어.

"그게 바로 지구의라는 거다. 우리가 사는 땅의 모양을 본뜬 게지."

강쇠와 막쇠는 서로 마주 보며 고개를 갸웃했어.

땅이 둥근 박 같다고 하니 당최 믿을 수가 있어야지.

*천문학 | 우주의 모양과 우주에 있는 모든 물체들에 관해 연구하는 학문.
*기하학 | 도형과 공간이 어떤 특징을 갖는지 연구하는 학문.

형제는 이제 엿가락 따위는 까맣게 잊고
선비가 하는 이야기에 쏙 빠져들었어.
주막집 손님 중에 이처럼 다정하게
이야기를 들려주는 사람은 없었거든.
"그 아비가 화순현감*으로 있을 때의 일이란다.
형제는 근처의 절에 함께 머물며 공부를 했지.
졸리면 얼음물로 세수를 하고, 토론을 하느라 밤을 새우기도 했어.
그때 형이 읽은 책이 〈서경〉*, 아우가 읽은 책이 〈맹자〉*였단다.
서로 모르는 것이 있으면 묻고 대답하면서 즐겁게 공부했지."
선비는 마치 그 자리에 있었던 사람처럼 이야기했어.

*현감 | 삼국 시대부터 조선 시대까지 있었던 지방 행정 구역인 현의 관리.
*서경(書經) | 중국에서 가장 오래된 경전으로, 공자가 요임금과 순임금 때부터 주나라에 이르기까지의 정치와 행정에 관한 문서를 모아서 지은 책.
*맹자(孟子) | 유교 경전인 사서(四書)의 하나로, 맹자와 그 제자들의 대화를 적은 책.

"너희들은 무엇을 함께할 때 가장 좋으냐?"
선비가 묻자 둘은 마주 보며 해발쪽거렸어.
그러더니 서고리를 훌렁 걷어 올리고 뱃가죽을 두드리네.
"둘이서 맛난 밥을 배 터지게 먹을 때가 가장 좋지요."
"허허, 그렇구나. 그런데 정 씨네 둘째와 넷째는
함께 공부하는 것을 큰 즐거움으로 생각했다는구나."

*해발쪽거리다 | 이가 드러나 보일 정도로 입을 조금 크게 벌리고 귀엽게 자꾸 웃다.

갑자기 형제가 입을 쭉 빼고 고개를 갸웃거렸어.
"왜 그러느냐? 얘기가 재미없는 모양이구나."
선비가 가만히 형제의 표정을 살피며 물었지.
"공부가 뭐가 그리 재밌대요? 노는 게 재밌지."
"그러네. 참 요상한 사람들도 다 있네. 그치, 형아?"
어린 형제는 고개까지 주억거리며* 맞장구를 쳤어.
조금 전까지 엿가락 붙들고 싸우던 모습은 온데간데없지 뭐야.
선비는 둘의 모습을 흐뭇하게 바라보며 말을 이었어.

*주억거리다 | 고개를 앞뒤로 천천히 끄덕거리다.

"형제 중에 먼저 벼슬에 나간 이는 아우였단다.
임금님은 학문이 넓고 깊은 아우를 늘 곁에 두셨지.
책에서 질문을 뽑아 주고 답변을 올리라고 하셨는데,
그 답변이 어찌나 마음에 드는지 상을 주어 칭찬하셨단다."
막쇠가 무릎걸음*으로 선비한테 바짝 다가갔어.
"상이라고요? 임금님은 무슨 상을 주십니까?"
선비는 미소 띤 얼굴로 안경을 고쳐 쓰며 대답했어.
"임금님께서는 귀한 책과 붓, 종이 등을 상으로 내리셨단다."

***무릎걸음** | 다리를 굽혀 무릎을 꿇고 걷는 걸음.

아우가 먼저 벼슬을 했다고 하니 강쇠는 괜히 부아*가 났어.
"형은요? 형은 벼슬을 하지 않았나요?"
"말도 말아라. 임금을 섬기려면 벼슬길에 올라야 한다고
몇 번을 설득해서 겨우 시험을 치르게 했지 뭐냐."
"누가요? 선비님이 그리 하셨다고요?"
"아, 아니다. 그 아우가 그랬단 말이다."
당황한 선비는 헛기침을 몇 번이나 했는지 몰라.
그러고는 형제가 함께 벼슬하던 얘기를 술술 풀어 놓았지.

***부아** | 노엽거나 분한 마음.

밤이 되자 주막을 오가는 사람들의 발길이 뚝 끊겼어.
주모는 방 안에서 들려오는 소리에 귀를 기울였지.
"어떠냐? 내 이야기가 들을 만하냐?"
"네, 아주 재미있어요. 그런데 벼슬길에 오른 형제는 어찌 되었어요?"
"공부도 많이 한 형제이니 임금님께 큰 상을 받았겠지요?"
선비는 형제의 물음에 선뜻 대답을 못 했어.
촉촉한 눈으로 형제의 얼굴을 한참 바라보기만 했지.
그러다가 마음을 다잡고 얘기를 이어 갔어.

"형제가 섬긴 임금님은 참으로 좋은 분이셨단다.
백성들이 살기 좋은 나라를 만들기 위해 힘쓰셨지.
그 어지신 임금님이 어느 날 갑자기 세상을 떠나셨지 뭐냐."
형제는 슬픈 마음에 손을 꼭 잡고 훌쩍였어.
"임금님이 돌아가신 뒤, 정 씨 형제는 귀양*을 가게 되었단다.
귀양 가는 길에 둘이 함께 마지막 밤을 보낸 곳이 바로 이 주막집이란다."

* **귀양** | 고려·조선 시대에, 죄인을 먼 시골이나 섬으로 보내어 일정한 기간 동안 정해진 곳에서만 살게 하던 형벌.

* **율정점** | 정약전과 정약용 형제가 함께 귀양가는 길에 마지막 밤을 보낸 주막이 있던 곳.

살아 있는 동안 미워할 율정점*주막
문 앞에는 길이 두 갈래로 갈렸네.
본디 같은 뿌리에서 태어났는데
지는 꽃잎처럼 흩날려 버렸네.

- 정약용이 훗날 둘째 형님의 편지를 받고 쓴 시

"애고머니! 이게 무슨 일이야."
이야기를 엿듣던 주모는 땅바닥에 주저앉았어.
열여덟 해 전 그날 일이 생생하게 떠올랐거든.
어린 형제는 눈물을 훔치며 말했지.
"막쇠야, 너랑 나랑은 죽을 때까지 헤어지지 말자."
"응, 나는 형 옆에 꼭 붙어 있을 거야."
선비는 기특한 생각에 절로 웃음이 났어.
하지만 마음은 꺼이꺼이 서럽게 울고 있었지.

선비는 어린 형제를 양옆에 하나씩 앉혔어.
그러고 있으니 곁에서 보살피지 못한
아들들이 생각났지.
"귀양 간 형제는 어찌 되었대요?"

*괴나리봇짐 | 걸어서 먼 길을 떠날 때에 보자기에 싸서 어깨에 메는 작은 짐.

"가족을 고향에 남겨두고 귀양을 갔으니 그 마음이 오죽했겠느냐.
더구나 아우는 멀리 흑산도라는 섬으로 귀양 간 형님이 늘 걱정이었지.
그때 형제가 주고받은 편지에 그 마음이 그대로 담겨 있단다."
선비는 방 한쪽으로 밀어 둔 괴나리봇짐*을 바라보았어.
바로 그 속에 편지가 들어 있었거든.

"멀리 떨어져 있는데 편지를 어찌 주고받아요?"
"편지를 전해 주는 심부름꾼이 따로 있었느니라.
형제는 몇 달 만에 한 번씩 오는 편지를 위안 삼아
유배지*에서의 괴로움과 외로움을 잊을 수 있었단다."

*유배지 | 귀양살이하는 곳.

문 밖에 있던 주모는 행주치마로 흐르는 눈물을 찍었어.
옛날에 편지 심부름꾼에게 국밥을 나르던 생각이 났거든.
주모는 문틈으로 선비의 얼굴을 물끄러미 바라보았어.
많이 늙었지만, 자상한 얼굴 생김새는 그대로였지.

어린 형제는 선비의 양 무릎을 베고 누웠어.
강쇠는 졸음이 가득한 눈으로 선비에게 물었지.
"귀양 간 죄인들은 무얼 하며 지내요? 밥도 먹고 잠도 자나요?"
'죄인'이라는 말이 선비의 가슴에 콱 박혔어.

가문과 가족을 지키지 못한 죄인이었으니까.
"죄인도 사람이요, 유배지도 사람 사는 곳 아니겠느냐.
형은 섬 사람들과 어울려 술도 마시고 물고기도 잡았다더라.
아우는 아이들에게 글공부를 가르치고 밤낮으로 책도 썼지."

"이제나저제나 다시 볼 날만 손꼽아 기다리던 형제에게
아우가 귀양에서 풀려난다는 소식이 전해졌단다."
선비는 달뜬* 표정으로 말했어.
"형은 아우를 마중하러 우이도*로 가려고 했지.
하지만 흑산도 주민들이 형을 놓아주지 않았다는구나."
선비는 생각했어.
'그때 형님을 만났으면 얼마나 좋았을까?'

*달뜨다 | 마음이 가라앉지 아니하고 조금 흥분되다.
*우이도 | 전라남도 신안군 도초면에 있는 섬.

밤이 깊어지자 주모가 아이들을 불렀어.
"강쇠야, 막쇠야. 이제 그만 나오너라.
손님께서는 내일 또 먼 길을 가셔야 한다."
형제가 벌떡 일어나 앉더니 선비의 팔을 잡고 물었어.
"형과 아우는 다시 만났나요? 만난 거지요?"
선비는 얼른 대답하지 못하고 속으로 눈물을 삼켰어.
"안타깝게도 형과 아우는 다시 만나지 못했단다.
그날, 이 주막에서 보낸 밤이 **형제의 마지막**이 되었지."

이튿날 새벽, 선비가 떠날 채비를 하고 나왔어.
"주모, 여기 밥값이오. 잘 먹고 잘 쉬고 가네."
"아닙니다, 나리. 철없는 자식들에게
귀한 이야기를 들려주셨으니 돈은 넣어 두셔요."
"그럴 수는 없지. 자, 어서 받으시게. 갈 길이 바쁘네."
주모는 하는 수 없이 돈을 받았어.
그 대신 금방 뭉친 주먹밥 두 덩이를 건넸지.

선비는 따뜻한 주먹밥을 받아 들고 주막을 나섰어.
어린 형제는 잠에 빠져 선비가 떠나는 것도 몰랐지 뭐야.
주모는 선비의 뒷모습을 오래오래 바라보았어.

이야기가 궁금해

선비가 들려주는 정 씨 형제 이야기 잘 들었어? 여기서 **정 씨 형제**는 조선 후기 실학자 **정약전**과 **정약용**이야. **이야기를 들려주는 선비**가 바로 **아우 정약용**이고, 주막집 형제가 정 씨 형제에 대하여 아직 궁금한 게 있다고 하니 좀 더 들어 볼까?

 그런데 선비님은 무슨 죄를 지어서 귀양을 갔어요?

우리 형제가 살던 조선 후기는 우리나라에 천주교가 처음 들어와 학자들 사이에 퍼지고 있을 때란다. 초기의 신자들은 남인* 계열의 학자들이 대부분이었는데, 그 가운데 우리 가문이 포함되어 있었지. 매형 이승훈은 중국으로 건너가 스스로 세례를 받았고, 셋째 형님 정약종은 목숨까지 버리며 끝까지 신앙을 지켰단다. 정약전 형님과 내가 천주교에 관심을 둔 것은 합리적인 생각과 실용적인 정신을 지닌 학문으로 보았기 때문이야. 그런데 정조 임금께서 돌아가시자 기회를 엿보던 신하들이 우리를 천주교 신자로 몰아 귀양을 보낸 것이란다.

*남인 | 조선 시대에 정치적인 의견이 달랐던 4색 당파 중 하나.

 선비님은 유배에서 풀려났는데 왜 다시 형님을 만나지 못했어요?

나는 1814년에 귀양살이를 끝내고 고향으로 돌아갈 수 있게 되었단다. 소식을 들은 형님은 우이도로 가서 나를 기다리려고 했지만, 흑산도 주민들이 길을 막았지. 형님은 일 년 넘게 주민들을 설득해 겨우 우이도로 갔는데, 이번에는 나에게 유배를 끝내도 좋다는 명령서가 도착하지 않았지 뭐냐. 나중에 들으니 의금부*에서 석방 명령서를 보내려 한 것을 강준흠이라는 사람이 반대하여 보내지 않은 것이었지. 결국 형님은 나를 만나지 못한 채 1816년 6월 6일 우이도에서 돌아가셨단다. 그때 형님을 다시 만나지 못한 것이 평생 한으로 남는구나.

*의금부 | 조선 시대에 죄인의 죄를 조사하고 벌을 내리는 일을 하던 기관.

소년 덕보가 들려주는, 양반 정약전

"나는 선비님이 〈해족도설〉을 쓰실 때 곁에서 잔심부름을 했던 장창대야. 어릴 땐 덕보라고 불렸지. 〈해족도설〉은 나중에 선비님의 아우 되는 정약용이라는 분이 정리하여 『자산어보』라는 책으로 만드셨어. 보통 귀양 간 선비들과 다르게 선비님은 흑산도 주민들과 잘 어울리셨어. 동네 사람들과 같이 술도 드시고, 물에꾼(해녀)을 따라 바다에 들어가 직접 해초를 따기도 하셨지. 풍랑이 올 것을 미리 아시고 뱃사람들이 바다에 나가지 못하게 주의를 주기도 하셨고. 나중에서야 그게 다 책에서 보고 배운 것이라는 사실을 알았지. 또, '복성재*'라는 서당을 열어 아이들에게 글도 가르쳐 주셨어. 평생 까막눈으로 살아갈 아이들에게 글자를 깨우쳐 주셨으니 그보다 더 큰 은혜가 어디 있겠어?"

＊**복성재(復性齋)** | '사람의 본바탕을 되찾는 집'이라는 뜻.

 ### 큰아들 학연이 들려주는, 아버지 정약용

"아버지 곁에는 늘 책이 있었어. 할아버지의 상을 치르는 동안에도 정조 임금께서 보내 주신 책을 읽으셨지. 임금님은 한강에 놓을 배다리와 수원 화성 설계 같은 중요한 일을 아버지께 맡기셨어. 수원 화성을 지을 때 사용한 거중기를 직접 설계하신 분도 우리 아버지야.

또한, 아버지께서는 당파 싸움이나 현실과 동떨어진 학문을 멀리하고, 백성들의 삶에 도움이 되는 실용적인 학문에 힘쓰셨어. 그리고 『목민심서』를 비롯하여, 홍역 치료법을 쓴 『마과회통』, 정치, 사회, 경제 제도를 어떻게 바로잡아야 할지 그 의견을 정리한 『경세유표』, 형벌과 관련된 일을 하는 관리들에게 필요한 지침을 적은 『흠흠신서』 등 500여 권이 넘는 책을 쓰셨어."

형제가 남긴 위대한 유산 『자산어보』와 『목민심서』

❖ 우리나라 최초의 해양 생물 사전 『자산어보』

정약전은 귀양지에서 흑산도 주민들과 스스럼없이 어울려 지냈어. 직접 물고기를 잡기도 하고, 잡은 물고기를 사람들과 나누어 먹기도 했지. 그러면서 물고기에 관한 책을 쓰기로 마음먹었어. 혼자서는 할 수 없어 섬 사람의 도움을 받았는데, 그가 바로 장창대야. 『자산어보』*에는 물고기와 게, 고둥, 조개, 해삼, 말미잘, 물개, 고래, 물새, 해조류 등 흑산도 주변 바다에 서식하는 200여 종이 넘는 해양 생물에 대해 잘 정리되어 있어. 단순히 물고기의 생김새를 관찰하여 적은 것이 아니라 번식 방법, 알의 생김새, 부화

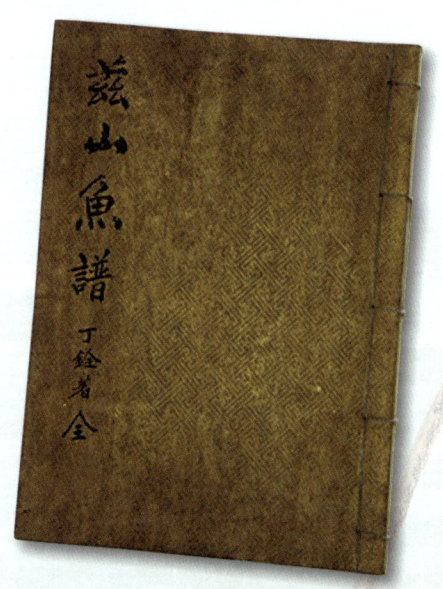
▲ 정약전 『자산어보』, 국립중앙도서관 소장.

하기까지 걸리는 시간 등 생태에 관해서도 상세하게 기록되어 있지. 심지어 같은 물고기라도 잡히는 곳에 따라서 뼈의 마디 수가 다르다는 것까지 밝혀 적고 있단다. 먹을 수 있는 것은 직접 먹어 보고 그 맛과 질감을 적었을 뿐만 아니라, 언제, 어떻게 해서 먹으며 어디에 좋은지 등 다양한 정보를 담고 있어. 정약용은 편지를 통해 이 책을 쓰는데 도움이 될 만한 말을 전하기도 했어. 정약용과 그의 제자가 함께 정리한 『자산어보』는 힘든 귀양살이 중에도 백성들에게 도움이 되는 일을 하고자 했던 정약전의 위대한 유산이라고 할 수 있어.

*최근에는 『자산어보(玆山魚譜)』의 첫 글자 '자(玆)'를 '현'이라고 읽어 책 이름을 『현산어보』라고 해야 한다는 주장이 나오고 있어. 이때의 '현'은 '검다'는 뜻으로 '현산'은 곧 '흑산'을 가리키지.

❖ 지방 관리의 참된 도리를 가르치는 책 『목민심서』

옛날에 백성을 다스려 기르는 벼슬아치를 '목민관'이라고 했어. 각 고을의 수령을 포함한 지방의 관리들이 목민관에 해당하지. 『목민심서』는 이 사람들의 잘못을 비판하고, 목민관으로서 지켜야 할 바른 가르침을 밝혀 놓은 책이야.

정약용이 살았던 조선 후기는 관리들의 부정과 부패가 극에 달해 백성들이 힘겹게 살아가던 때였어. 관리들은 가난한 백성들에게 제멋대로 세금을 매겨 살림을 어렵게 했어. 아직 태어나지도 않은 배 속의 아기 몫으로 세금을 떼어가고, 세금을 못 내 도망간 사람이 있으면 그 사람의 친척이라도 찾아가 세금을 받아낼 정도였지. 정약용은 어릴 때 아버지가 고을 수령으로 부임한 곳을 따라다니며 이와 같은 모습을 많이 보고 들었어. 또한, 암행어사와 곡산 부사로 일한 덕분에 누구보다 백성들의 어려운 생활을 잘 알고 있었지. 무엇보다 그는 백성들의 어려움이 어디에서 비롯된 것인지 정확히 보고 있었어. 정약용은 오랜 귀양살이를 마치던 1818년에 『목민심서』를 완성하였는데, 대표 저서인 『경세유표』와 『흠흠신서』가 그 무렵에 함께 쓰여진 것만 보아도 귀양지에서 얼마나 치열하게 책과 싸웠는지 잘 알 수 있어.

▲ 정약용 『목민심서』, 국립중앙박물관 소장(사진).

한 해가 다 가도록 아이들의 울음소리,

아낙네의 탄식 소리가 들리지 않으니 참으로 복된 일입니다.

이처럼 깨끗한 신선 세계를 버리고 네 겹 담으로 둘러싸인

집으로 돌아간다는 것은 사내로서 참으로 어리석은 일이겠지요.

이것은 억지로 지어낸 말이 아니라 마음속에 있는 계획입니다.

하지만 한편으로는 일찍이 고향으로 돌아가고픈 마음도 없지 않으니

그것은 사람의 본성이 약하기 때문이겠지요.

– 정약용이 형님 정약전에게 보낸 편지